AF230299

HENRI-FÉLIX LE BERTRE

LE

PROLÉTAIRE CONSERVATEUR

MALGRÉ LUI

L'ABSTENTION EST UN DÉLIT

PARIS

LIBRAIRIE GÉNÉRALE

DÉPOT CENTRAL DES ÉDITEURS

72, BOULEVARD HAUSSMANN, ET RUE DU HAVRE

1872

LE PROLÉTAIRE CONSERVATEUR

MALGRÉ LUI

L'ABSTENTION EST UN DÉLIT

HENRI-FÉLIX LE BERTRE

LE

PROLÉTAIRE CONSERVATEUR

MALGRÉ LUI

L'ABSTENTION EST UN DÉLIT

PARIS

LIBRAIRIE GÉNÉRALE

DÉPOT CENTRAL DES ÉDITEURS

72, BOULEVARD HAUSSMANN, ET RUE DU HAVRE

1872

LE
PROLÉTAIRE CONSERVATEUR
MALGRÉ LUI

De grands esprits avaient légué au XVIIIe siècle les germes féconds de la liberté, inspirés de la philosophie chrétienne. La doctrine égalitaire du Christ, fils d'un artisan, s'était fait jour dans le domaine de la politique. Mais, à la fin du XVIIIe siècle, la foi avait fait place au déisme. Aussi, en 1789, l'idée philosophique, substituée à l'idée chrétienne, devait dégénérer en idée révolutionnaire. L'école philosophique, ayant à sa tête Voltaire et Rousseau, a formé des disciples qui se sont révélés par des idées, des illusions, des désirs, des raisonnements, des utopies et de l'audace, à défaut de croyances. Du jour où la classe moyenne, enivrée de ses premiers succès légitimes, voulut précipiter le mouvement réformateur et se servit de la multitude comme d'une arme aveugle contre le principe chancelant d'autorité, le peuple devint une puissance, la première, destinée à prendre par le nombre et le mouvement la place du tiers état.

Depuis quatre-vingts ans, le flot populaire a débordé maintes fois, laissant sur son passage les traces de sa fange originelle. Le dernier débordement, de mars, avril et mai 1871, est une étape nouvelle vers la guerre sociale. Le propre des conquérants est de ne pas savoir se borner.

Il y a quatre-vingts ans, nous avons crié à tous les vents qui passaient sur la France que nous allions inonder le vieux monde de libertés comme d'un fertile limon : nous agitions, frémissants d'orgueil, les chaînes brisées du pouvoir royal. Ce limon a été la boue qui aveugle et qui étouffe. Ces chaînes brisées se sont refermées sur nos mains débiles et les ont meurtries. Ces ilotes, hâtivement arrachés à la glèbe, se sont rués sur nous chaque fois qu'ils l'ont pu. Quand il n'y a pas de soupape de sûreté, la vapeur comprimée fait voler en éclats la machine.

En trois années, du 4 août 1789 au 10 août 1792, la souveraineté avait passé des mains d'un seul aux mains de tous. La classe moyenne avait fait le jeu de la multitude ; mais, bientôt lasse de la tyrannie de la rue et des clubs, auprès de laquelle le pouvoir royal était un gouvernement paternel, elle aspirait à retrouver un maître. Le vainqueur d'Arcole et des Pyramides se montra capable d'être le maître. C'était le messie attendu par le tiers état : il fut acclamé.

En renversant Louis XVI dans le sang du martyre, les jacobins avaient déplacé le pouvoir à leur profit et inauguré la période des dictatures. Logique implacable des faits : la réaction d'en bas amène la réaction d'en haut. De la Terreur dérive le 18 Brumaire ; des journées de Juin dérive le 2 Décembre.

La précipitation est le propre du caractère français. A la guerre, c'est une qualité qui nous fit un temps les arbitres du

monde. Mais, appliquée aux questions de politique intérieure, cette précipitation est un travers funeste. Le mot de
Louis XIV : « J'ai failli attendre » est notre portrait. Le Français ne sait pas attendre. Chez lui, la pensée entraîne l'action immédiate. Nous avons toujours l'air de monter à l'as-
saut. « Rien, dit le duc de Broglie, rien ne répugne autant au
caractère français, au caractère de notre temps, plus révolutionnaire que réformateur, que de regarder à ce qu'il fait, de
gravir péniblement la montagne, au lieu de couper au plus
court à travers les précipices, de dénouer les nœuds gordiens
au lieu de les trancher à la façon d'Alexandre. Tout abolir
d'un seul coup ou coup sur coup, passer l'éponge sur le
passé, faire table rase de ce qui existe, et recommencer toutes
choses *ab ovo*, comme au lendemain de la création : telle a
été jusqu'ici notre funeste habitude. »

Sans remonter le cours des temps, notre histoire moderne
abonde en exemples de cette précipitation irréfléchie dans
toutes les classes de la société.

La nuit du 4 août 1789, le clergé et la noblesse ont donné
avec magnanimité un exemple de précipitation que les classes
inférieures ont imité dans le sens opposé. Le sacrifice des
priviléges, l'abandon des droits féodaux, étaient indispen-
sables, personne ne le conteste; mais n'eût-il pas mieux
valu que ces réformes fussent le résultat de votes successifs?
En Angleterre, où les réformes ne sont pas enlevées comme
chez nous à la baïonnette, mais mûrement pesées et froide-
ment discutées, il eût fallu plusieurs mois pour mener à bien
cette révolution sociale graduellement et sans secousses.

Si ces réformes, immenses pour l'époque, eussent été obtenues lentement, sagement, la révolution politique, saine et
vraie, eût suivi la révolution sociale. Louis XVI serait de—

meuré ce qu'il était dès le 4 août 1789, souverain constitutionnel d'un gouvernement parlementaire, puisque l'Assemblée s'était constituée en permanence. Les idées de liberté,
émanant de la France, auraient illuminé peu à peu le vieux
monde, sans ébranler les trônes ; nous eussions forcé l'ad-
miration, et non suscité la haine ; la Terreur eût été évitée
ainsi que vingt années de guerres effroyables que nous firent
les gouvernements, coalisés d'abord contre le jacobinisme,
puis contre Napoléon, qui n'était pour eux que le représentant
et le propagateur couronné de la Révolution française.

La période de transition a manqué au mouvement réformateur. Le peuple s'est réveillé un jour, armé d'une puissance soudaine, inespérée, qui l'a grisé, comme est grisé par
l'excès de la fortune le prolétaire besoigneux qui gagne le
gros lot de la Ville de Paris. Pauvre hier, riche aujourd'hui,
il veut jouir à tout prix et perd la tête.

Ainsi, depuis la nuit du 4 août, le peuple a tenté toujours
et parfois réussi, en une journée, à imposer sa volonté par la
violence : 14 juillet 1789, 20 juin et 10 avril 1792, 1er avril
et 20 mai 1795, juillet 1830, 24 février 1848, juin 1848,
4 septembre 1870, 18 mars 1871.

Le parti révolutionnaire est logique. Son programme ne
supporte pas l'examen, et s'il ne réussit pas à le proclamer
sur les ruines de la société, il est condamné à l'impuissance.
C'est la différence entre les idées et les appétits. Les idées
appellent la discussion et la supportent ; les appétits sont
antipathiques à l'examen. En 1848, l'école socialiste avait
des idées fausses, mais des idées ; en 1871, les écoles communiste, collectiviste et nihiliste n'ont que des appétits.

Messieurs les jacobins de la première manière ont réussi.
La Révolution a marché à leur gré et s'est étendue peu à peu

sur le monde comme l'ombre opaque d'une nuit polaire. Le triomphe de la matière sur l'idée est proche : ce sera le règne de l'outil. Non-seulement les trônes et les castes opulentes sont ébranlés, mais les assises mêmes de la société. La secte révolutionnaire est entraînée et nous entraîne avec elle vers le chaos, comme un voyageur pris de vertige au bord de l'abîme.

Les monarchies, les aristocraties, les écoles parlementaires, ont pu et peuvent se faire humbles et transiger : la démagogie ne transige pas. Elle va toujours de l'avant, entassant débris sur débris, monuments de l'histoire, traditions glorieuses, saintes croyances, grandeur nationale, institutions, légalité. Elle aspire à ce qu'il n'y ait plus rien, pour être tout.

La Révolution, qui a toujours choisi Paris pour théâtre de ses insanités sanglantes, existe partout à l'état de feu latent. Les vieux révolutionnaires, en se comparant à leurs disciples, se considéreraient comme des conservateurs. S'ils ont été moins loin, s'ils ont moins osé, ils n'en sont pas moins les plus coupables. Le peuple n'a pas été le coupable, il n'est que l'instrument pour ainsi dire inconscient du mal. Les criminels sont les philosophes politiques, les rêveurs, les soi-disant amis de l'humanité, et surtout les ambitieux, qui savent qu'avec l'aide de la multitude on escalade les degrés du pouvoir. Les historiens de ce qu'on appelle la grande Révolution n'ont été pour la plupart que des courtisans du peuple. Admirateurs fanatiques de cette sombre épopée, ils se sont plu à justifier les mesures les plus iniques comme des nécessités dictées par la raison d'État. Le sens moral de plusieurs générations n'est pas impunément faussé. Les jacobins ont fait plus pour les diverses contre-révolutions que les émigrés eux-mêmes ; car les émigrés avaient, la nuit du 4 août, marqué généreusement le point de départ des idées nouvelles, tandis que les jacobins se sont écartés sans hésitation et sans scrupule des principes de 1789, contenus dans les cahiers des états généraux. Quel esprit impartial ne reconnaît que, le 5 août 1789, la nation française avait conquis en peu de temps les libertés *nécessaires* pour l'époque ? La France avait l'égalité sociale, les réformes politiques allaient suivre. Mais messieurs les philosophes, non encore républicains, Camille Desmoulins l'avoue, mais simplement opposants dynastiques, voulurent précipiter le mouvement et, par leur promiscuité avec la multitude, préparèrent l'anéantissement du principe d'autorité et l'abandon des libertés à leur aurore. Dès les journées des 5 et 6 octobre 1789, alors que le roi de France et sa cour firent cortége au prolétaire de Versailles à Paris, la puissance de la multitude avait supplanté le pouvoir royal. La bourgeoisie crut que la révolution se faisait à son profit et qu'elle aurait son heure entre le déclin de la royauté et l'avénement du peuple. Effrayée d'un côté, la bourgeoisie espérait contenir et diriger la plèbe ; satisfaite de l'autre, elle comptait arriver par elle. Et ce fut à qui, parmi ces vaniteux naïfs, flatterait davantage le peuple, qui les entraîna dans le sang.

Pendant cette longue période qui nous sépare de l'ancien régime, le bourgeois de Paris a toujours été le même, incorrigible. Il se sert du peuple, il fait le brave ; puis il est débordé, il prend peur et se jette dans les bras du premier venu. La France courbe le front et se soumet. Après quatre-vingts ans de révolutions, après les dictatures d'en bas suivies de dictatures d'en haut, nous en sommes arrivés à la désespérance, car nous avons devant les yeux le programme perfectionné de la Révolution moderne inscrit sur le drapeau rouge cosmopolite : Plus de patrie, plus de Dieu, plus de liberté, plus de capital, plus de suffrage universel, plus de souveraineté nationale.

> Dors-tu content, Voltaire, et ton hideux sourire
> Voltige-t-il encor sur tes os décharnés ?
> Ton siècle était, dit-on, trop jeune pour te lire ;
> Le nôtre doit te plaire et tes hommes sont nés.
>
> (Musset.)

Aujourd'hui, ce n'est plus un trône, ce n'est plus un principe, c'est le salut de la France qui est en jeu.

Son existence nous doit être chère, car elle pleure des larmes de sang, elle gémit sur des douleurs et des désastres sans nom, et elle porte le deuil des deux plus beaux fleurons de sa couronne de souveraine des nations : la Lorraine et l'Alsace.

Il faut agir. Tenter d'étouffer les appétits populaires par la force, c'est un expédient ; par la persuasion, c'est une naïveté ; par le temps, c'est une utopie. Impuissants à endiguer le flot populaire, tentons de le canaliser. Impuissants à moraliser le prolétaire, intéressons-le. Il veut posséder, être capitaliste : prenons hardiment la tête du mouvement, crions : Vive la Ligue ! et rendons-le capitaliste.

La France se réveille d'un mauvais rêve. Il y a dix-huit mois, nous nous reposions dans une sécurité aveugle. La leçon militaire a été terrible ; non moins terrible la leçon politique et sociale. Le bien naît, dit-on, de l'excès du mal. Cet adage fut vrai pour la Prusse après Iéna. Faisons en sorte qu'il puisse s'appliquer également à notre pays.

Des deux épreuves récentes, militaire et sociale, ressort un enseignement décisif des causes du mal. Le corps social doit être purifié. A cette condition, la réorganisation de l'armée sera efficace. Les deux réformes, impérieuses nécessités du moment, sont connexes : réforme sociale et réforme militaire. L'instruction obligatoire fournira à l'armée des hommes presque également intelligents. L'armée étant l'école du devoir, le bon soldat livrera à la société un citoyen meilleur. Notre armée nouvelle verra passer dans ses rangs tous les Français : il faut donc que la réforme intérieure tende à l'union de tous les Français. Par des efforts persévérants, détruisons ces ferments de discorde qui minent le corps social : haines de caste, antagonisme fatal entre les différentes classes, défiance réciproque. Il nous faut sans retard former un puissant et sympathique faisceau de tous les cœurs dans le sentiment de la régénération de la patrie.

Le Français cède au premier mouvement, il est essentiellement impressionnable : aujourd'hui un héros, demain un fuyard. Le succès le transporte, le revers l'abat. En quelques heures, il consomme une révolution. Il crie successivement : Vive l'Empereur ! Vive le Roi ! Vive la République ! Vive l'Empereur ! Vive Gambetta ! Vive Trochu ! Vive Rossel ! Ballotté incessamment comme une bouée sur l'Océan, le peuple français est le pantin que font mouvoir les diverses factions qui se hissent successivement au pouvoir sur ses robustes épaules.

> Oui, tout pouvoir a des salaires
> A jeter aux flatteurs qui lèchent ses genoux,
> Et les courtisans populaires
> Sont les plus serviles de tous.

Lamartine.

Ce mal a un correctif. La France a plus de ressort qu'au—

cune nation. En quelques jours, l'armée est reconstituée, la discipline raffermie, les finances relevées, les transactions renouées, la propriété rassurée, le pouvoir consolidé. Mais défions-nous des apparences : la démagogie ne désarme jamais, et voulût-elle laisser le pays panser ses blessures, que messieurs les courtisans de la multitude, messieurs les meneurs, messieurs les aspirants à la dictature ne le permettraient pas. Si nous sommes résolus, nous, patriotes et Français, nous qui aimons la patrie plus que nous-mêmes, à ce que la France ne descende pas de chute en chute au dernier degré de l'impuissance, provoquons avec une persévérante énergie de sages réformes non superficielles, mais profondes, non partielles, mais d'ensemble, non à terme, mais immédiates.

La situation est nette. Nous avons deux ennemis : l'ennemi intérieur et l'ennemi extérieur. Celui-ci est le parti militaire prussien, pour lequel notre haine n'a d'égal que notre mépris, car il nous a traités dans l'Est comme la Pologne, et a fait de l'invasion une *bonne affaire*. Celui-là est la classe qui ne possède pas : le prolétaire. *Cereus in vitium flecti* : il prend comme un moule la forme du vice.

Avec l'Allemagne, la réconciliation est impossible.

Avec le prolétaire, la réconciliation est à tenter. Nous ne serons assurés de la victoire sur l'ennemi extérieur que si les causes du mal intérieur s'évanouissent, que si notre ennemi du dedans devient notre ami dans un pacte indissoluble en vue de la revanche.

N'oublions pas que la Prusse considère le prolétaire comme une cause permanente d'affaiblissement intérieur, et comme l'obstacle à notre rénovation.

Occupons-nous surtout de l'ennemi intérieur, de celui qui

ne désarmera jamais tant qu'il ne possédera pas : du prolétaire.

Dans cet écrit, nous indiquerons les moyens qui nous
paraissent de nature à hâter la réconciliation du prolétaire
avec les classes qui possèdent, et à la cimenter. Nous tente-
rons de démontrer que le prolétaire peut, si nous le voulons,
voir ses rêves exaucés dans une certaine mesure, et devenir
en peu de temps propriétaire, petit capitaliste et partant conservateur.

Notre système comprend trois réformes connexes :
1° Réforme de l'enseignement;
2° Réforme militaire;
3° Réforme électorale.

1° RÉFORME DE L'ENSEIGNEMENT.

Dans tout ordre social, pour que les forces soient équili-
brées et que l'État prospère, la somme des droits doit rester
inférieure à la somme des devoirs. — Dans l'instruction primaire, l'obligation est un devoir pour l'individu : la gratuité
serait un droit. Les devoirs sont absolus, les droits ne le
sont pas. Les devoirs fortifient l'État, les droits tendent à
l'amoindrir. — L'obligation de l'instruction primaire, le service militaire, le respect des lois, le travail, sont des devoirs.
— Le suffrage universel, la gratuité de l'instruction primaire,
la liberté de la presse, les réunions publiques, les coalitions,
sont revendiqués comme des droits par l'école révolutionnaire. — Les révolutions et la faiblesse des gouvernements

ont rompu l'équilibre entre les devoirs et les droits : la balance penche en faveur de ceux-ci. Il faut réagir contre cette tendance du peuple à confisquer la souveraineté de l'État.

L'obligation de l'instruction primaire, universellement admise, ne fait plus question aujourd'hui. Dans quelques années, le principe sera dans le domaine des faits, par la seule raison que le citoyen illettré ne pourra pas voter. Il y aura, sans contredit, des tempéraments au principe d'obligation ; ce sera matière à un règlement d'administration publique. Il n'est pas admissible, en effet, que le père de famille dont la demeure est distante d'un ou de plusieurs kilomètres de la maison d'école soit traité de même façon que le père de famille qui réside au chef-lieu de la commune.

La gratuité aurait le caractère exclusif d'un droit ; mais l'État, qui résume l'ensemble des citoyens, ne concède ou ne ménage à l'individu des avantages, tels que routes, ponts et chaussées, aqueducs, maisons d'école, églises, hôpitaux, tribunaux civils et administratifs, qu'en retour de l'impôt. L'instruction primaire, étant un avantage incontestable, né doit être offerte aux familles qu'en retour de sacrifices pécuniaires, quelque minimes qu'ils soient. Si nos législateurs commettaient la faute impardonnable de se laisser emporter par le courant des théories socialistes, bientôt, de concessions en concessions, l'État serait le débiteur et l'individu le créancier. *Suum cuique.* La gratuité est dans notre économie sociale le premier écueil, caché sous les dehors de réforme humanitaire et de progrès. Si nous nous écartons des vrais principes d'ordre social, si le devoir revêt l'autorité d'un droit, nous serons vite débordés, et l'école socialiste sera autorisée à demander tout à l'État sans que l'individu lui doive rien.

Le père de famille est le premier à bénéficier de l'instruction donnée à ses enfants : il est juste qu'il contribue aux dépenses de l'État et des communes par un apport proportionné à ses ressources. La rétribution scolaire est la meilleure garantie de l'assiduité des enfants à l'école : le paysan nécessiteux qui payera pour chaque enfant 25 centimes par mois, par exemple, ne manquera pas d'envoyer régulièrement ses enfants à l'école. Tel est le système pratiqué en Allemagne, et nous ne le rappelons que pour mémoire, car nous ne sommes pas exclusifs et ne croyons pas que ce soit seulement du Nord que nous vienne la lumière. — Cette rétribution aurait le caractère d'un impôt proportionnel, et la répartition de cette redevance serait faite par une commission scolaire nommée par le conseil municipal. Il y aurait un maximum et un minimum, entre lesquels la commission scolaire aurait toute latitude pour la fixation de la redevance, selon les ressources de chaque famille. Le maximum serait variable selon l'importance de la commune, mais le minimum pourrait être invariable.

Il y aurait pour le maximum une proportion rationnelle, basée sur la différence des salaires ouvriers dans les différentes agglomérations. Le maximum afférent à Paris, Lyon, Marseille, Bordeaux, etc., pourrait être de 5 francs par mois et par enfant ; tandis que le minimum invariable pour toute la France pourrait être de 25 centimes.

Quant à la concurrence qui se maintient entre les écoles laïques et congréganistes, la gratuité serait encore une faute. En demandant la gratuité absolue immédiate, les socialistes poursuivent un double but : 1° rejeter sur l'État tous les devoirs en conservant pour l'individu tous les droits ; 2° porter un coup mortel aux congrégations, qui ont le tort de parler de

Dieu dans leur enseignement. Les écoles congréganistes sont gratuites, les écoles laïques ne le sont à l'heure présente, heureusement, que par d'exception.

Ainsi, décréter la gratuité absolue de l'instruction laïque, ce serait faire le vide dans les écoles congréganistes, ce serait faire le jeu des socialistes ; ce serait, sous le voile décevant d'une réforme humanitaire, un attentat détourné à la liberté de l'enseignement, à moins de fonder dans chaque commune une école congréganiste en regard de l'école laïque. Les socialistes dédaignent le bien de l'État, car ils savent que les congrégations allégent d'autant les charges du Trésor en instruisant gratuitement seize cent mille enfants, un tiers de la population scolaire ; ils savent que de 1848 à 1871, sur 975 bourses obtenues au collége Chaptal et à l'école Turgot, les élèves congréganistes en ont eu 802. Quoi de plus éloquent que ces chiffres ? Le moment nous paraîtrait mal choisi, dans ce siècle de doute, alors que toutes les croyances s'effondrent, de pactiser avec les niveleurs et d'exaucer leurs vœux intéressés en fermant la porte des écoles congréganistes, où des hommes dévoués et modestes inculquent à la jeunesse, avec l'instruction primaire, les principes fortifiants du christianisme.

Certains esprits croient que les âmes complétement ignorantes sont moins accessibles à la corruption révolutionnaire. Rousseau a exercé son imagination dans le développement de l'une et de l'autre thèse, des avantages de l'éducation et des avantages de l'ignorance. Quoi qu'on ait dit, nous n'hésitons pas à prétendre que la demi-instruction est préférable à l'ignorance. Si des esprits imprégnés de morale religieuse ont souvent dévié dans le parti démagogique, ne peut-on pas dire qu'une âme ignorante est un terrain fertile pour la propagande communiste?

L'amélioration, nous le reconnaissons, dépend du milieu dans lequel on est élevé. L'instruction obligatoire seule ne rendra peut-être pas meilleurs les enfants d'ouvriers, qui, dans les centres industriels et manufacturiers, n'ont guère sous les yeux que les exemples funestes du vice, qui attire comme l'aimant attire le fer. Mais il est permis d'espérer, pour le salut de la France, que dans les campagnes l'extension de l'instruction primaire élèvera le niveau moral, intellectuel et politique de la nation. Il y a du vrai dans cette parole attribuée par le baron Stoffel au prince de Bismarck : « C'est l'instituteur primaire qui a gagné la bataille de Sadowa ! »

Si nous étions condamnés à la République de droit divin, ou si le suffrage universel devait être modifié au préjudice des campagnes, l'obligation de l'instruction primaire serait un bienfait en quelque sorte inutile, tout au moins au point de vue politique. Mais, grâce à Dieu, la majorité du pays ne tombera pas sous le joug du parti radical. Il est donc indispensable, avec le maintien du suffrage universel, que l'électeur rural soit éclairé, et puisse supputer la moralité et la conviction politique de son mandataire. Quoi qu'on fasse dans les régions du pouvoir, quoi qu'il arrive à Paris, qui fait les révolutions, la France sera sauvée de la guerre sociale par les campagnes, qui resteront la majorité de par le suffrage universel.

Dans les villes, où le scepticisme est roi, les écoles congréganistes perdent et perdront encore des adhérents. Là, l'amélioration du peuple ne s'obtiendra pas par l'enseignement de la religion, mais par le service militaire. Disciplinez les enfants des prolétaires sous les drapeaux, inculquez-leur les principales notions d'économie politique, faites-leur comprendre que le capital les fait vivre et que l'ouvrier peut devenir patron, excitez leurs âmes au culte du drapeau national, faites vibrer la fibre patriotique en leur montrant le sol de la patrie morcelé par l'étranger, vous réussirez sans doute à leur inspirer la foi de ce qui est tangible : la famille, la propriété, le drapeau, la patrie. Dieu n'est pas tangible, et ils resteraient sourds à vos prédications pieuses.

Ne pouvant les faire s'incliner devant la supériorité d'en haut, faites-leur toucher du doigt la supériorité d'en bas, qui est tangible, la supériorité des hommes qui s'élèvent en ce monde par leur intelligence et leur génie. Faites-en de bons citoyens ; mais, pour cela, prêchons d'exemple.

Depuis trop longtemps, nous, bourgeois, disciples de Voltaire, nous n'avons plus foi en rien. Nous nous drapons fièrement dans notre égoïsme, incessamment ballottés entre les dictateurs couronnés et les tribuns issus de la rue. Depuis trop longtemps, la marque d'un esprit supérieur pour nous était le doute. Notre scepticisme imbécile a pénétré insensiblement les couches inférieures de la société, et à notre insu nous avons accru leur corruption.

Que nos législateurs se gardent donc de décréter la gratuité !

L'amélioration du prolétaire ne peut être obtenue, quoi qu'en pensent les philanthropes, par la propagande des bons livres, des bons journaux et des écrits spéciaux mis à sa portée, ni par les conférences populaires. Le prolétaire ne lit que les feuilles qui le flattent, l'attirent, comme les miroirs décevants attirent l'alouette, et l'entretiennent dans la conviction que le dépouillement collectif de la classe qui détient le capital n'est point un vol. Il en est de même pour les conférences populaires : l'ouvrier ne s'y rend pas, ou, s'il y entre parfois, c'est avec un esprit de dénigrement préconçu. Il en sort comme il y est entré, la raillerie aux lèvres.

Non, ce n'est pas par l'enseignement écrit ou oral des principes de la morale que le prolétaire sera ramené au bien ; toutes les tentatives faites en ce sens ont été infructueuses ; mais il faut l'instruire, l'astreindre à l'obéissance passive sous les drapeaux, lui inculquer au régiment les principales notions d'économie politique, et ne lui concéder ensuite la faculté électorale qu'en retour de certaines garanties pécuniaires qui le constitueront, à son avantage, créancier de l'État.

Quant à celui qui possède, il faut traiter l'abstention en matière électorale comme un délit entraînant une pénalité pécuniaire, la plus lourde possible.

Revenons au principe d'obligation et tentons de démontrer quel enchaînement naturel existe entre la première réforme, celle de l'obligation de l'instruction primaire, et la seconde, celle du service militaire obligatoire.

Le jeune conscrit devra arriver lettré au régiment. On comprend aisément quel préjudice causerait à notre armée future l'ignorance d'un nombre important de recrues, incapables de mettre à profit les notions les plus variées qui composeront l'éducation du soldat. Il ne faut plus que nous ayons dans les écoles régimentaires un cours spécial aux illettrés. L'esprit du conscrit doit être ouvert, préparé à recevoir une instruction variée, à la fois militaire et morale, à la comprendre et à la graver dans sa mémoire en vue de la guerre. Qu'il soit non un automate, mais une baïonnette intelligente dans la bonne acception du mot! L'exemple, nous n'en doutons pas, viendra des officiers, qui n'auront plus honte de travailler. Grâce à l'instruction primaire obligatoire, le développement moral et militaire pourra être égal pour tous. Grâce à l'action individuelle qui en sera le résultat, l'âme du soldat se familiarisera avec l'idée du danger, et ne sera pas démoralisée par un revers.

L'instruction obligatoire aura formé le conscrit pour l'armée, comme le régiment le formera pour la vie civile.

2° RÉFORME MILITAIRE.

Le service militaire obligatoire s'impose aux méditations de nos législateurs au double point de vuede la revanche éclatante et de l'amélioration du corps social. Pour être équitable, l'impôt du sang doit peser sur tous. Quel sentiment, mélange de haine et d'envie, n'envahit pas l'âme du conscrit qu'un mauvais numéro arrache à sa famille et à ses intérêts, lorsqu'à côté de lui un fils de bourgeois troque le devoir contre une somme d'argent et retourne insouciant à sa liberté, à ses affaires ou à ses plaisirs? Aussi, à quel juste dédain ne sont pas en butte les remplaçants militaires, mercenaires de l'honneur français !

C'est en face du danger, c'est en défendant le sol sacré de la patrie, qu'éclate le patriotisme, l'expression la plus pure du sentiment du devoir. Ce sentiment si noble était engourdi; nos revers sans précédents l'ont réveillé mieux que n'auraient pu le faire des succès militaires faciles comme en 1859. La nation croyait, dans sa confiance irréfléchie ou ignorante, que notre armée, victorieuse de la Russie et de l'Autriche, devait l'être nécessairement de la Prusse. Dès 1866, quelques voix prophétiques s'étaient fait entendre, mais sans trouver d'écho. Des demi-mesures avaient été proposées. Le projet primitif du maréchal Niel offrait une amélioration notable ; mais les concessions du pouvoir furent telles que les prescriptions de la loi de 1868 ne pouvaient, au dire du baron Stoffel, que prêter à rire à nos prudents adversaires.

Alors que la lutte était inévitable, alors qu'il fallait augmenter notre armée permanente, l'opposition insistait pour la réduction du contingent, votait avec éclat contre les chapitres du budget afférents aux subsides nécessaires soit au maintien sous les drapeaux de l'effectif normal, soit à l'organisation de la garde mobile. N'ayant d'autre préoccupation que d'affaiblir un gouvernement qui lui barrait les avenues du pouvoir, l'opposition se renfermait dans cette théorie absurde de levée générale de boucliers en cas d'invasion.

Les députés de la gauche n'ont-ils pas dû demander pardon à Dieu et aux hommes quand les événements ont prouvé qu'on ne forme pas des soldats en un jour, mais qu'il faut organiser de longue main une armée exercée et soumise, et la plus nombreuse possible, surtout lorsque l'adversaire inévitable est aussi bien préparé que l'était la Prusse ? Tant que nous eûmes la victoire, l'armée a été décriée ; aujourd'hui la mode est de l'exalter parce qu'on en a besoin.

La droite même de l'Assemblée, qui devait plus tard voter la guerre par acclamation, était hostile aux projets du gouvernement. La presse discréditait l'armée ; les réunions publiques n'inventaient pas d'expressions assez dures contre l'armée prétorienne de César.

En somme, il a fallu la cruelle expérience de la dernière guerre pour forcer tous les partis à reconnaître la nécessité, pour une grande nation comme la France, d'avoir une armée considérable et bien exercée. Sans nos revers, une Chambre française n'eût jamais voté le service militaire obligatoire, tant d'en haut et d'en bas nous étions esclaves de la routine.

Pour forcer le peuple au respect des principes supérieurs, il faut prêcher d'exemple.

Nous disions au peuple qui souffre, et qui, pour la fortune que nous avons, nous croit heureux, nous lui disions que l'égalité des richesses est un rêve chimérique, mais que l'égalité devant la loi est un fait qui le met moralement à notre niveau. Et cependant, il nous suffisait d'une somme d'argent pour nous soustraire aux dangers et l'exposer à notre place. Il a fallu désastres sur désastres pour nous arracher l'aveu que nous le trompions, et que cette prétendue égalité n'était qu'un leurre. La première condition de l'égalité dans le corps social est l'égalité devant la mort.

Désormais, la fusion de toutes les classes de la société s'accomplira à l'ombre du drapeau. Lorsqu'il y aura des fils de paysans et d'artisans officiers et des fils de riches bourgeois simples volontaires, l'armée française ne sera plus une réunion de déshérités de la fortune et de mercenaires faciles à soudoyer pour un coup d'État militaire, ou prêts à lever la crosse en l'air devant l'émeute.

Quand la France sera devenue un vaste camp, non par le nombre de ses enfants sous les drapeaux, mais par le nombre d'hommes déjà exercés et préparés au combat ; quand la mobilisation, c'est-à-dire le passage du pied de paix au pied de guerre, sera possible en quelques jours ; quand chaque citoyen aura obéi, pendant les années les plus critiques de sa

vie, à des chefs inflexibles et entourés de respect ; quand le
Français aura puisé au régiment les idées de cohésion et de
solidarité qui font la force des grandes races ; quand le sentiment du devoir accompli l'aura suivi des rangs de l'armée
dans ceux de la société ; quand il aura une croyance : le drapeau ; une foi : la patrie, alors la Lorraine et l'Alsace pour-
ront espérer leur délivrance. Sedan aura retrempé la France,
comme Iéna la Prusse !

3° RÉFORME ÉLECTORALE.

Le suffrage direct apparaît dans nos institutions le 24 juin
1793 ; mais, dès le 5 fructidor an III, en pleine république,
il est remplacé par le suffrage à deux degrés. Il reparaît avec
la république de 1848. Dans les révolutions violentes, les
idées font beaucoup de chemin en peu de temps. Le vaisseau
de l'État n'a plus de pilote ou en a trop, ce qui est tout un, et la
distance à parcourir est franchie d'un bond. C'est ce qui
eut lieu lors de la seconde apparition de la république, à
Paris. Au commencement de février 1848, les deux opposi-
tions, républicaine et dynastique, se bornaient à réclamer
l'adjonction des capacités et l'extension des incompatibilités ;
mais, après la chute de la monarchie de Juillet, le suffrage
universel était imposé par la multitude de nouveau triom-
phante.

Apparaissant comme une plante de serre, avant d'avoir été
acclimaté à notre ciel changeant, le système du suffrage direct était destiné, au dire de ses partisans, à prévenir le
retour de la monarchie. Mais, phénomène étrange, il justi-
fiait trois ans plus tard un coup d'État monarchique. L'arme

s'était retournée contre ceux qui l'avaient forgée. Le suffrage direct était prématuré, puisqu'il devenait plus nuisible à la liberté que n'avait été le régime censitaire. Pendant vingt ans, le suffrage universel fut un moyen pour le second empire.

Le suffrage universel était donc prématuré en 1848.

Le suffrage direct a été depuis vingt ans battu en brèche, et il l'est toujours, pour des causes diverses.

Les républicains lui reprochent, et ce blâme est l'aveu implicite de leur erreur passée, d'avoir rendu possibles l'empire et la guerre contre la Prusse.

Les conservateurs lui reprochent de se déjuger perpétuellement, d'être malléable sous l'impression du moment, d'être accessible à la confiance ou à la peur exagérée.

Les républicains lui reprochent les candidatures officielles, c'est-à-dire la discipline électorale dans les campagnes.

Les conservateurs lui reprochent les candidatures radicales dans les villes, candidatures officielles en sens inverse, où la discipline est encore mieux observée. Il leur semble que le vote des campagnes est à peine suffisant pour contrebalancer celui des villes et surtout de Paris, où les électeurs, dociles à un mot d'ordre, agitent sans trêve le pays par leurs revendications absurdes dans la presse, dans les clubs, dans la rue et dans l'Assemblée par le mandat impératif.

Un mot sur le mandat électoral.

Le mandat dont les députés de la droite sont investis par leurs commettants est conforme à leurs sentiments, les met à l'aise et leur laisse toute liberté de décision. — Le mandat des radicaux de la gauche est impératif et tellement gênant, tellement étroit, que le mandataire qui ne capitule pas quand même avec sa conscience et s'écarte un instant du programme imposé tombe dans le discrédit immédiat et, comme traître à la cause du peuple, est vite remplacé par un plus fougueux tribun et un plus plat valet.

Les nécessités politiques changent selon les situations et l'état des esprits. Ce qui était un mal hier aujourd'hui devient un bien. Ainsi, par un revirement des choses humaines, le suffrage universel, qui était un mal en 1848, est notre salut aujourd'hui, à la double condition que le prolétaire ne soit pas d'emblée électeur, et que l'abstention de la classe aisée soit considérée comme un délit.

La France est encore, grâce à Dieu, monarchique. Elle aspire à retrouver un pouvoir suprême qui se perpétue sans secousses et lui garantisse, en même temps que la sécurité, les libertés fécondes et saines que consolide un rouage gouvernemental durable. Depuis l'avénement du suffrage universel, le corps électoral ne s'était pas prononcé en toute liberté avant le vote du 8 février 1871. La masse de la nation avait l'habitude de s'incliner devant le gouvernement fondé à Paris par surprise et de donner la majorité au pouvoir existant. Il n'en a pas été de même le 8 février 1871, malgré la présence au pouvoir des hommes du 4 septembre, malgré la dictature de Tours et de Bordeaux, malgré les difficultés qu'ont eues certains hommes politiques à se porter candidats, malgré le scrutin de liste, qui facilite entre les partis des compromis regrettables, et malgré le vote au canton, essentiellement préjudiciable à la libre manifestation du sentiment des campagnes. Le 8 février, les agents du gouvernement n'avaient pas eu le temps de peser sur l'opinion : une majorité monarchique sortit du scrutin.

Ne pouvant contester à la majorité de la nation ses sympathies pour la monarchie, les républicains usent de subterfuge et refusent aux élections du 8 février tout caractère politique. L'Assemblée de Bordeaux, disent-ils, était élue pour traiter avec l'Allemagne. Mais messieurs les *outranciers*, dont la vie n'était pas exposée, croient-ils donc que la France ait pu se convertir à leurs doctrines au spectacle des agissements de la troisième république ? On les avait vus, au milieu de l'invasion, se préoccuper d'abord de fonder la république, la leur ; de défendre le territoire ensuite. On les avait vus, eux issus de la rue, trembler devant la rue ; on les avait vus d'apôtres devenir victimes.

Le vote du 8 février, disent-ils, avait été précipité ; les mérites respectifs des candidats n'avaient pu être débattus dans la presse et les réunions publiques. Mais qui donc avait entravé par deux fois la réunion d'une Assemblée ? Qui donc avait dissous les conseils municipaux et généraux ? Quoi qu'ils disent, le vote du 8 février a un caractère essentiellement politique.

Comptant faire retomber sur l'Empire la responsabilité de tous les maux à venir, les hommes du 4 septembre avaient pendant six longs mois fait preuve de faiblesse, d'hésitation, d'incapacité ; ils avaient violé les lois ; ils avaient fait tomber la France plus bas qu'elle n'avait jamais été.

Aussi, le 8 février, la France voulait la paix ; mais elle ne voulait plus d'eux ni des leurs.

Le 8 février, qu'a fait la province ? Elle a condamné leur conduite par un verdict éclatant.

Mais qu'a fait Paris ? Dégoûté de ses anciens mandataires convaincus d'impéritie, il choisit des mandataires encore plus incapables, encore moins scrupuleux : édifié sur la valeur politique des avocats de palais, il nomma des orateurs de carrefours.

Le 8 février, la province réagissait en haut, vers la lumière ; Paris et ses satellites réagissaient, selon la tradition, en bas, vers les ténèbres. Quel enseignement ! Et peut-on écouter sans sourire de pitié le perpétuel développement de cette thèse que la population des villes a le sens politique, intellectuel et moral plus développé que la population de nos provinces ?

Pour être divisée sur le choix du monarque, la France, nous le répétons, n'en est pas moins monarchique. Nous allons plus loin , et nous ne croyons pas qu'elle puisse avoir un autre sentiment, car si le parti monarchique se subdivise malheureusement en trois branches, le parti républicain se subdivise à l'infini ; et on peut dire, sans crainte de se tromper, qu'après la Commune de Paris, le pouvoir issu de la rue sera traître qui ne donnera pas au prolétaire le partage de la fortune publique et privée.

L'Assemblée nationale et M. Thiers ont sauvé la nation de l'anarchie , de l'extension des idées fédératives de la Commune de Paris. La France a béni ce gouvernement de transition, qui lui permet de respirer et de se reconnaître.

Depuis la réunion de l'Assemblée nationale, la plupart des électeurs ont compris que la situation comportait des ménagements, que le gouvernement mixte de M. Thiers assurait le présent et réservait l'avenir, que déployer brusquement l'étendard de la monarchie serait fournir des armes nouvelles à la réaction d'en bas.

La France se dit : « Quel est l'avenir ? Les monarchistes sont divisés : serions-nous condamnés à la république ? Nous l'avons vue réapparaître pour la troisième fois, et ses agissements nous ont confirmés dans l'idée que le salut de la patrie n'est pas là. En ce moment, la situation politique ne nous satisfait pas, sans nous déplaire. Nous savons que nous ne sommes pas en république, mais sous la direction autoritaire de M. Thiers. Aussi nous portons à l'actif de la monarchie tout le bien fait par M. Thiers, qui a eu l'adresse de dire à la tribune que la république était possible sans républicains : il en est la preuve vivante. Nous ne sommes pas en république ; mais nous y étions pendant la guerre, et nous avons vu le gouvernement du 4 septembre, composé de républicains émérites, sans force contre l'émeute. M. Thiers ou tout autre homme d'État parlementaire eût profité du temps de répit entre le 4 septembre et l'investissement pour faire procéder aux élections des municipalités de Paris. M. Thiers n'eût pas entravé par deux fois la réunion d'une Assemblée nationale. M. Thiers n'eût pas fait nommer à l'élection les officiers de la garde mobile. M. Thiers n'eût pas autorisé la Commission des Barricades. M. Thiers n'eût pas été réduit à recourir au plébiscite du 3 novembre. M. Thiers eût prévenu les mouvements du 31 octobre et du 22 janvier. M. Thiers n'eût pas mis en liberté Mégy, Eudes, Beaury et consorts. M. Thiers n'eût pas ménagé le ruisseau et les clubs. M. Thiers eût désarmé la garde nationale et nous n'eussions pas eu le 18 mars. Le 18 mars est bien la queue du 4 septembre. Le 18 mars nous a fait pleurer de rage et de désespoir, mais nous a éclairés de ses lueurs sinistres. Les républicains nous ont montré une fois de plus qu'ils étaient impuissants sur leurs électeurs ameutés. Ingrat envers leur politique de ménagement, le peuple les a qualifiés de réactionnaires et a reporté en masse ses faveurs sur l'école communiste, qui réclame de toutes ses forces le titre de républicaine ; ce qui nous fait dire avec certitude qu'il y a plusieurs républiques et que le seul moyen de nous relever est d'écarter avec un soin égal les républicains modérés, qui n'ont plus de saveur, et les républicains iconoclastes. Nous ne voulons plus de la menace perpétuelle de l'émeute, nous ne voulons plus que les différents aspirants à la dictature jouent à notre détriment au roi détrôné. Nous voulons d'un gouvernement monarchique, libéral, défini, fort. Les républicains ont la tribune de l'Assemblée nationale pour la défense de leurs droits et de leurs intérêts par l'organe de leurs mandataires, investis du mandat impératif; mais nous ne voulons pas que les révolutions de palais à courte échéance nous mettent aux abois et nous fassent nous jeter dans les bras du premier venu, dans les bras d'un officier d'artillerie ou d'un orateur d'estaminet costumé en généralissime des armées françaises.

Entre le double et indéfinissable gouvernement qui nous a régis pendant la guerre et le gouvernement à venir, nous avons eu heureusement une transition : M. Thiers. Tous les Français, sauf les clubistes à cervelle incandescente, se sont plu à soutenir M. Thiers, qui nous a dit, pour qui sait comprendre à demi-mot, que nous ne sommes pas en république. Nous sommes heureux d'être ainsi gouvernés : le serions-nous moins si nous apprenions demain, à notre réveil, que M. Thiers est président du conseil des ministres d'un monarque constitutionnel? Serions-nous moins bien gouvernés? Ni mieux ni moins bien, soit; mais le successeur de M. Thiers serait tout trouvé, et nous serions soulagés de la crainte mortelle de savoir M. Thiers malade ou mourant à la peine.

Pendant le second siége de Paris, le parti républicain a mis tous ses soins à nous faire croire que la république seule était capable de vaincre une insurrection soutenue par plus de cent mille sectaires et armée de deux mille canons. Ce raisonnement aurait pu nous séduire si nous n'avions pas eu, pendant le premier siége, la mesure de l'autorité que peuvent avoir sur la multitude les républicains au pouvoir. Nous avons vu en présence les républicains *honnêtes*, détenteurs du pouvoir, et les républicains soumis au mot d'ordre des Pyat, des Blanqui, des Flourens. Messieurs de la Défense ne s'occupaient pas de nous, les conservateurs, qui, sans bruit, faisions notre devoir. Toujours sur le qui-vive, ils se préoccupaient de calmer ou de ménager les hommes qui, après les avoir soutenus dans le coup de main du 4 septembre, aspiraient maintenant à les culbuter : et tout cela au préjudice de la défense. A la nouvelle du 31 octobre, toute la province a pensé que les républicains *honnêtes*, ayant en main des forces considérables, profiteraient de la situation précaire de la France pour déployer une patriotique énergie et porter un coup décisif aux clubistes, aux partisans de la Commune, aux plus sûrs alliés des Prussiens. Pyat, Flourens, toute cette clique, pensait la province, brise l'unité de la défense, tourne contre nous les armes destinées à l'ennemi ; ils sont cent fois traîtres, ils méritent la mort. — Les Prussiens de l'intérieur doivent être fusillés ; sans quoi nous sommes perdus. C'est vrai, nous étions perdus ; mais Pyat, Flourens et consorts étaient sauvés. Le 22 janvier, ils ont recommencé. La province attendait toujours l'expiation. Mais ils étaient républicains ; et messieurs de la Défense étaient dès longtemps les obligés de toute cette tourbe. Grâce aux mobiles bretons, ils furent une seconde fois refoulés, mais non châtiés. Le 18 mars, ils étaient en plus grand nombre, avaient leurs chefs, leurs canons ; l'armée française n'existait plus que de nom ; ils ont enfin proclamé leur chère Commune. Ils avaient puisé des forces dans l'impunité. Ne pouvons-nous pas affirmer que les républicains au pouvoir sont sans force contre la populace? On ne peut briser un beau jour ce qu'on a adoré toute sa vie.

Quelle existence, pendant ce long siége de Paris, pour ces malheureux rivés au pouvoir! Leurs écrits, leurs paroles, leurs amitiés, leur pesaient et leur interdisaient le bien; refusant illégalement de faire des élections municipales, ils avaient nommé maires des vingt arrondissements des hommes de leur religion, pardon! de leur couleur politique. Ces administrateurs municipaux faisaient de la popularité à bon marché. Combien de fois ont-ils tenu au ministre de l'intérieur le langage suivant: « Si je n'ai pas telle somme, je ne suis pas le maître, je ne réponds de rien. Dans deux heures les Vengeurs de Flourens seront au ministère. Vous ne direz pas que je ne vous ai pas prévenu ». Et le ministre accordait la somme exigée.

En dehors de Paris, un autre avocat, qui avait été chercher dans la nue l'œil d'aigle qui gagne les batailles, bouleversait, sous prétexte de défense nationale, la magistrature, l'administration et le personnel diplomatique, brisait les derniers corps électifs au mépris de la loi, dictait des plans de campagne, repoussait les ouvertures de l'Autriche, et envoyait à la mort des bandes dépenaillées et non organisées. On se repliait en bon ordre à l'ombre du drapeau tricolore; mais le drapeau rouge flottait à Lyon.

Allons, messieurs les républicains *honnêtes,* vous êtes sans vergogné de vouloir garder en vos mains débiles le gouvernail du vaisseau qui s'appelle la France! C'est quelque chose de parler un langage sonore trois heures durant; agir est plus malaisé. Sourds aux conseils autorisés de **M.** **Thiers**, aujourd’hui chargé de réparer vos fautes, vous avez, le 4 septembre, saisi le pouvoir par un rapide coup de main, et culbuté la représentation du pays. Ce jour-là, vous vous êtes moqués du suffrage universel! Nous savons que vous n’en voulez plus. Pendant six mois, vous avez eu l’autorité incontestée, vous avez eu la force. Vous n’avez rien su prévoir, rien voir; vous avez eu les cours martiales, vous n’avez su rien châtier. Vous devriez chercher l’oubli; mais rien ne vous ébranle, rien ne vous surprend : vous vous sauvez par l’audace. Vous nous voulez faire croire que la république seule a pu vaincre l’insurrection communeuse. Mais cette Commune, vous pouviez la tuer dans l’œuf. Elle n’a pas dû vous étonner, ayant à sa tête d’anciens amis dont vous connaissiez la valeur. Le peuple que vous aimez, vous ne l’eussiez pas cru si barbare, même dégagé de votre saine direction! Ne soyez pas surpris de tant de ruines dans la capitale, théâtre depuis quatre-vingts ans des fantaisies ineptes ou iniques de votre parti. Vos existences généreuses et désintéressées ont eu pour labeur de prêcher au peuple le mépris de l’autorité, quel qu’en fût le détenteur; à l’armée le dédain de la discipline. Le peuple est plus logique que vous. Il a détruit ces monuments qui personnifiaient pour ainsi dire à travers les âges les souvenirs du passé et de la domination. Vous aviez sapé la discipline. Vos amis du Mont-Aventin ont fui devant l’ennemi. Tout ce peuple a bien profité de vos leçons. Vous lui aviez dit que le passé était odieux, que l’histoire datait de son émancipation, qu’il devait participer aux affaires publiques. Il prend sa part des affaires publiques, il détruit le passé : à qui la faute? Qu’avez-vous fait pour l’éducation du peuple, depuis la *grande Révolution?* Lui avez-vous enseigné la morale, les vertus domestiques, le sentiment du devoir, le respect des principes d'ordre supérieur et de justice? Avez-vous tenté de lui inspirer le goût de l'épargne? Lui avez-vous fait comprendre la nécessité du capital qui le fait vivre? Non; vous l'avez caressé par des phrases sonores mais creuses, vous l'avez entretenu à l'état de marchepied qui vous a hissés, vous les maîtres, au pouvoir. Votre premier souci, dès vos débuts, a été de lui ressasser de faire de la politique en plein vent et de descendre dans la rue. Le peuple fait de la politique, mais à sa manière et à sa guise. S'il s'amuse à détruire, qu'y trouvez-vous à redire? Ses amusements coûtent plus cher que les Parcs-aux-Cerfs ou que les listes civiles. Il vous a plu, à vous républicains *honnêtes*, de l'arracher à l'atelier, aux soirées de la famille, pour lui souffler dans l'oreille les mots colorés de libertés immenses, de rénovation sociale et d'avénement populaire. Il vous a bien plu d'être porté par lui sur le pavois. Succès faciles! Il a voulu, lui aussi, monter sur le pavois. Lui avez-vous dit que les croyances étaient salutaires, que l'âme s'épurait quand elle avait foi en quelque chose d'honnête? Lui avez-vous dit que, pour mériter le titre de républicain, il fallait pratiquer la vertu, aimer son prochain, respecter les opinions d'autrui? que le labeur de chacun était une pierre apportée à la solidité de l'édifice, tandis que la soif des jouissances menait les nations à la décrépitude? Il était plus aisé de faire appel aux mauvaises passions et d'égarer les consciences en commentant les principes humanitaires et les événements de notre histoire moderne selon vos visées ambitieuses.

Mais le peuple a des appétits immenses et inassouvis : ne le saviez-vous pas? Vos déclamations vous ont acquis des triomphes faciles, mais à terme. Vos doctrines avaient mis le peuple en goût; son estomac robuste exigeait des aliments plus épicés. Le peuple idolâtre qui vous avait fait levier de ses épaules s'est retiré tout d'un coup et vous a laissés retomber de toute la hauteur de vos fautes et de votre orgueil. Vous êtes devenus à son sens des réactionnaires. Amère dérision du sort! Quand vous avez eu vidé en ses mains dissipatrices le fond de votre écrin, riche de chatoyantes et fallacieuses promesses, le peuple, comme la Messaline de Juvénal, a volé à d'autres amours plus chaudes, plus en harmonie avec son tempérament. *Lassata, sed non satiata.* Les Pyat, les Flourens, les Raoul Rigault, les Delescluze vous ont remplacés sur le piédestal de la faveur populaire. Jules Favre n'était plus qu'un réactionnaire, qu'un prince de Polignac.

Vous n'avez pas appris au peuple, dans vos réunions saintes, que chacun avait sa voie tracée sur cette terre, selon les desseins du Créateur, dans le bien et la charité; vous ne lui avez pas dit que les chefs-d'œuvre de l'art et de l'intelligence grandissaient une nation; que la France n'était à la tête de la civilisation que par la multiplicité des merveilles enfantées sans relâche dans le domaine des lettres, des arts et de la science. Vous ne lui avez pas donné en exemple tous ces hommes d'élite et de génie qui avaient émergé de ses rangs; vous n'avez pas fait ressortir à ses yeux que tout cela résumait la patrie. La patrie se résume dans vos mesquines personnalités. Vous n'avez pas dit au peuple que la république avait les mains teintes de sang, et que la génération nouvelle avait mission d'effacer ces souillures par le travail et la pratique d'une liberté sage. Vous nous répondrez que vous avez entretenu la multitude dans sa corruption native pour vous créer des armes contre la dynastie des Napoléons. Mais ce sont vos devanciers, que vous copiez ou que vous dé-

passez, qui ont fait cette dynastie. Des âmes vraiment répu-
blicaines ne sacrifient pas le salut de la patrie à leur ani-
madversion politique. Vous avez dit au peuple qu'il était le
nombre, la force, qu'il avait droit à toutes les libertés, et ce
mot élastique, *toutes les libertés*, n'a pas été une parole
vaine. Allons, républicains honnêtes, à genoux devant
l'image de la patrie mutilée! A genoux devant les ruines de
la capitale! A genoux devant les hécatombes humaines! A
genoux, sauveurs de peuple, qui n'avez rien sauvé, et qui
avez tout perdu! Et c'est ce moment que vous avez choisi
pour nous convertir à l'idée républicaine, sous prétexte que
notre gouvernement porte cette enseigne : *République française*. Pour nous, qui avons le culte de la liberté, nous ne
voulons pas de votre république. Tout ce qui a été fait en son
nom depuis quatre-vingts ans a mis notre patrie plus bas
que n'eût fait le despotisme de nos rois. Vous avez creusé
l'abîme avec l'aide du peuple, et vous y roulez tous à votre
tour. La France se sauvera sans vous et malgré vous.

Jamais ni vous ni les vôtres n'avez fait de concessions.
Fidèles à nos traditions, nous n'avons pas cessé d'en faire,
et nous attendons. M. Thiers nous a conviés à faire loyale-
ment l'essai de la république. Ce doit être la bonne puisqu'il
en est le chef; et il nous semble que c'est sur nous seuls
qu'il compte pour la faire durer, car il est improbable que la
république se fonde avec l'aide des grandes villes qui nous
ont édifiés une bonne fois sur ce qu'elles entendent par le
gouvernement du pays par le pays.

Ce qu'on appelle l'homme du peuple est aristo. On ne
forme pas une république avec des aristos. De bonne foi,
l'ouvrier croit qu'en république tout lui est permis. Il rêve
qu'il sera le maître, nous ne disons pas notre égal. Il est dans

le vrai, car à chaque république il fut le maître, et nous, la France, nous nous sommes inclinés devant les décisions du Forum parisien.

L'ouvrier urbain révèle ses goûts de domination par son air arrogant dans la rue, par son verbe haut chez le distillateur du coin, par sa tyrannie à l'atelier, par sa brutalité en ménage, par son intolérance et son mépris immédiat de tout ce qui lui est supérieur et de tout ce qu'il ne comprend pas. Les révolutions ont été faites pour lui et par lui. C'est pour lui qu'ont vu le jour le suffrage universel, le droit de réunion, le droit de coalition ; c'est pour lui que sont revendiquées la liberté illimitée de la presse, la garde nationale, l'instruction gratuite. C'est pour lui qu'on crie : Amnistie! — Il est aristocrate puisque, minorité, il a réussi à être majorité et qu'il veut l'être quand même, envers et contre tous. Affilié à l'Internationale, il songe désormais à régner non plus sur Paris, non plus sur la France, mais sur le monde. Il étend sur le globe sa main calleuse, son geste aviné, son regard éteint. D'une voix épaisse il crie : A moi l'univers! Il est naturel qu'on brigue ses faveurs! On arrive vite par lui, car il agit vite. Si l'homme du peuple est aristocrate, ses élus ne le sont pas moins. Jamais les Robespierre, les Ledru-Rollin, les Gambetta, les Delescluze ne céderont une parcelle de leur pouvoir, comme l'a fait le roi martyr. Ce sont de tels maîtres, étayés de tels disciples, qui veulent nous convertir à leurs doctrines. Pauvre France!

Depuis une année, dans nos provinces, les cerveaux brûlés de nos villages, les émules au petit pied de M. Gambetta, nous ont assez plaisantés de croire au spectre rouge, comme on raille les enfants de croire aux revenants. Cependant nous sommes certains de l'avoir vu réapparaître le 31 octobre, le

22 janvier, du 18 mars au 21 mai, à Lyon, à Marseille, etc.
— Les Prussiens se frottaient les mains, joyeux d'avoir vu
le spectre rouge, leur meilleur allié; nous, nous étions na-
vrés. — Nous avons eu tout loisir d'étudier le bon peuple
des villes dont les actes sont dénués d'artifice et dont les
vues ne prêtent point au malentendu. Si nous avons échappé
à la république sociale et aux déchirements de la guerre civile, la menace subsiste. Nous n'avons pas plus d'illusion
sur le remords ou le renoncement du prolétaire que n'en
conserve un médecin sur la guérison d'un incurable.

Ces gens-là se croient des aigles et nous traitent d'imbéciles. Nous ne sommes pas des aigles, et ils ne sont pas des
imbéciles, car ils veulent gagner beaucoup en travaillant peu,
au rebours de nous qui avons de modestes gains en retour de
rudes labeurs.

Partisans de la république universelle, ils devaient à leurs
convictions d'éviter l'ennemi de la patrie. Aussi n'y ont-ils
pas manqué pendant le siége, bien qu'ils eussent hérissé
l'intérieur de Paris de fortes barricades pour une destina-
tion..... inconnue. Poltrons en face de l'ennemi, ils se sont
révélés des lions contre nos enfants qui composaient l'armée
de Versailles. La victoire contre les Prussiens leur était in-
différente, tandis que la victoire sur l'armée française leur
assurait l'impunité et l'assouvissement de leurs convoitises.
Ils nous ont inspiré plus de dégoût, même vaincus, que les
Prussiens nos vainqueurs. — Mais, si nous méprisons les
communeux, il est une catégorie d'individus soi-disant patriotes, soi-disant éclairés, que nous méprisons cent fois
plus encore : ce sont ceux qui les ont menés là, à cet abaisse-
ment, à ce dénûment de sens moral. Pendant la guerre
contre la Commune, nous avons appris à regarder en face le

prolétaire déchaîné; nous avons pu le réduire enfin à merci. Les crimes sans nom de la gent communeuse ont fort embarrassé leurs ci-devant directeurs et amis qui siégent à la gauche de l'Assemblée. Ces messieurs comptaient profiter. du besoin de remaniements qu'engendrent inévitablement les grandes crises pour mettre en avant leur projet de réforme électorale en faveur des villes. Les plaidoyers préparés sur la supériorité intellectuelle du prolétaire tenaient en éveil notre curiosité. Il est regrettable pour notre complète édification que messieurs les tribuns aient eu la pudeur de les mettre en réserve pour la plus prochaine occasion. Mais, comme le cerveau des têtes de la démocratie bouillonne incessamment, nous avons ouï parler d'un nouveau programme, plus merveilleux, conçu en désespoir de cause, et qu'ils nous tiennent tout prêt et tout chaud sous leurs serviettes d'avocats. D'abord, les mots de droit divin, de droit absolu ont frappé nos oreilles. Nous avons cru rêver en remarquant les lèvres carminées d'où s'échappaient ces paroles. Ces messieurs, quittant la *via sinistra*, avaient-ils été illuminés, comme saint Paul sur le chemin dc Damas? Non, le mandat impératif n'est pas une lettre morte. Il s'agissait, en effet, d'une dynastie, la leur; d'un droit divin, mais le droit absolu d'élever leur république au-dessus de nos suffrages, comme il convient à des esprits supérieurs, sûrs d'eux-mêmes, et partant dédaigneux de la moutonnière province. Halte-là! nous sommes-nous écriés. La république de droit divin, la république au-dessus du suffrage universel serait le triomphe de la population mouvante des grandes villes. Le prolétaire remonterait à la surface, et ses tribuns, se bousculant dans les avenues du pouvoir, joueraient sans se lasser au roi détrôné. En haut, la dictature; en bas, la terreur ; partout l'anarchie. Trop longtemps le prolétaire et ses courtisans ont fait les révolutions sans nous consulter, et nous nous sommes inclinés. Vous oubliez que nous venons, nous la France, de vaincre l'insurrection formidable de Paris que vos prédications avaient rendue inévitable. Il faut compter avec nous et nous laisser le droit de suffrage, car, le jour où la république serait placée au-dessus de nos têtes, la Commune pourrait relever la sienne avec du sang dans les yeux. Ce jour-là nous ne serions plus que les humbles esclaves des oligarchies communeuses. L'unité française serait morte. »

Ainsi a parlé la France, la France des honnêtes gens et des hommes de cœur ; la vraie France, la France rurale avec laquelle la république, gouvernement idéal, serait possible.

Quoi qu'en aient dit des historiens partiaux, la province aime la liberté. N'a-t-elle pas, en 1789, puissamment contribué à la Révolution, la vraie, par ses demandes de réformes les plus complètes contenues dans les cahiers des États généraux ? La Bretagne, par exemple, ne s'est-elle pas révoltée, en 1788, contre le despotisme royal ? La province n'est devenue contre-révolutionnaire, la Bretagne n'a fait la chouannerie que lorsque la Révolution a dévié dans le sang. Du jour où Paris s'est attribué le triste monopole des révolutions, la province a pris le rôle normal de contre-poids, et elle a été bien inspirée. Aujourd'hui, en présence des menaces d'un certain parti de la tenir à l'écart de la politique militante, elle paraît résolue à faire entendre avec courage et énergie sa voix imposante dans le concert de la politique, et à jeter dans la balance l'épée de la France conservatrice et libérale.

Les conservateurs forment la masse de la nation, masse engourdie jusqu'ici, mais que nos malheurs sociaux ont réveillée. Le maintien du suffrage universel est nécessaire : il sera l'arme défensive des conservateurs qui ne se servent, eux, que des moyens autorisés par la loi. Le bulletin de vote aux mains des honnêtes gens tiendra à l'écart du pouvoir les radicaux, les socialistes, les communistes, les collectivistes, les communeux et les internationaux, dont l'alliance sous le drapeau républicain est factice, comme était factice en 1816 l'accord des républicains et des bonapartistes. Se liguer momentanément contre l'adversaire commun n'est point une preuve que le triomphe d'une secte n'engendrera pas des déchirements. Après la victoire, on ferait comme les généraux d'Alexandre. On peut dire avec raison que les républicains sont les *impedimenta* de la république.

Pour un bon, honnête, loyal républicain, il y en a mille faux, fous, rêveurs, ambitieux, déclassés, envieux, pêcheurs en eau trouble. Être républicain aux Etats-Unis, c'est une tradition, doublée d'une conviction ; en France, c'est un métier. La preuve en est que nombre de monarchistes n'ont été, ne sont et ne seront que des transfuges du parti républicain, tandis que ce dernier parti ne fait pas de recrues parmi les monarchistes.

Le suffrage universel — qui l'eût pensé il y a vingt-deux ans ? — peut être la barrière qui empêchera toute cette tourbe de remonter à la surface et de nous faire la loi, si, d'un côté, nous savons intéresser le prolétaire à la stabilité de l'Etat, si nous le rendons capitaliste et conservateur, pour ainsi dire, malgré lui ; et si, d'un autre côté, nous frappons d'une pénalité pécuniaire le propriétaire abstentionniste.

PROPOSITION DE LOI ÉLECTORALE

DISPOSITIONS GÉNÉRALES

1. Tout citoyen français a droit de vote, sauf privation résultant de condamnation judiciaire.

2. Le droit de vote est suspendu pendant la durée du service militaire actif.

3. Le citoyen exempté du service militaire aura droit de vote à la même époque que les recrues de sa classe.

4. Le citoyen illettré ne peut voter.

5. Le citoyen convaincu d'ivrognerie peut être rayé des listes électorales par le Conseil municipal à titre temporaire ou même définitif.

6. Il y a deux catégories d'électeurs :

1° L'électeur tributaire,
2° L'électeur bénéficiaire (prolétaire).

DE L'ÉLECTEUR TRIBUTAIRE

7. Sont électeurs tributaires : les bacheliers, les porteurs de diplômes des écoles de l'État, les membres des conseils électifs et de la Légion d'honneur, les citoyens émargeant aux budgets de l'État, des départements et des communes, les citoyens imposés à la contribution foncière pour (5 francs?), à la contribution mobilière pour (10 francs?), à la contribution des patentes pour (20 francs?).

8. Sera rayé d'office des listes électorales pendant cinq ans l'électeur tributaire qui aura pris indûment la qualité d'électeur

bénéficiaire. Il sera remboursé du capital versé sans les intérêts.

9. L'électeur tributaire qui devient électeur bénéficiaire doit, pour conserver le droit de vote, opérer le versement annuel de 40 francs jusqu'à sa quarantième année.

10. L'abstention en matière électorale est un délit pour l'électeur tributaire. Lors de chaque élection communale, départementale ou générale, l'électeur tributaire qui ne pourra justifier de l'impossibilité absolue de paraître au scrutin sera passible d'une pénalité pécuniaire de 5 francs. Si sa contribution foncière est de 100 francs, ou sa contribution mobilière de 200 francs, l'amende sera de 50 francs au moins, et de 100 francs au plus.

DE L'ÉLECTEUR BÉNÉFICIAIRE

11. Sont électeurs bénéficiaires les citoyens non compris dans les catégories de l'article 6.

12. Pour acquérir le droit de vote, l'électeur bénéficiaire doit verser annuellement au Trésor, pendant quinze ans, une somme de 40 francs, portant intérêt à 8 p. 100.

13. A l'expiration de la quinzième annuité, l'électeur bénéficiaire est créancier du Trésor, du capital et des intérêts capitalisés pendant quinze ans.

14. Si, avant l'expiration de la quinzième annuité l'électeur bénéficiaire retire les sommes versées, son droit de vote est suspendu jusqu'à sa quarante-cinquième année. Le capital lui est rendu sans les intérêts.

15. L'électeur bénéficiaire qui n'opère aucun versement n'est électeur de plein droit qu'à sa quarante-cinquième année.

16. L'électeur bénéficiaire qui entre dans la catégorie de l'article 6 avant l'époque du remboursement de son capital et intérêts doit en faire la déclaration dans les six mois, à peine de suspension du droit de vote pendant cinq ans.

17. Du jour de la promulgation de la présente loi, les citoyens non compris dans la catégorie de l'article 6 n'auront le droit de vote et ne le conserveront qu'en opérant le versement annuel de 40 francs jusqu'à l'âge de quarante ans.

18. L'électeur bénéficiaire qui, avant l'époque du remboursement, se trouve dans l'impossibilité de travailler dûment constatée sera entretenu aux frais de l'État dans un établissement

hospitalier et recevra, à sa guérison ou à l'expiration de la quinzième annuité, une allocation de 20 centimes par jour de maladie.

19. L'électeur bénéficiaire dont les versements n'auront pas été
réguliers ou qui n'aura opéré aucun versement n'aura pas droit
à l'entretien prévu à l'article précédent.

20. Avant l'époque du remboursement, l'électeur bénéficiaire
a droit, à la naissance de son troisième enfant légitime, à une
allocation de 40 francs, et à pareille allocation par chaque autre
enfant.

21. La radiation des listes électorales emporte suspension du
cours des intérêts.

Tel est le projet de réforme électorale que nous soumet-
tons aux méditations de nos hommes d'Etat et de nos finan-
ciers.

La suspension du droit de vote pendant la durée du service militaire actif est une nécessité de premier ordre. La
discipline ne sera possible que si l'armée n'est pas distraite
de sa mission unique, la défense nationale, par les émotions
de la politique. A son entrée dans la réserve, le jeune soldat
est ou électeur tributaire, ou électeur bénéficiaire.

Le citoyen qui possède est tributaire, et doit voter, même
à bulletin blanc, sous peine d'amende.

Le prolétaire est bénéficiaire, et n'a droit de vote qu'en se
constituant créancier de l'État par le versement annuel et
consécutif d'une somme de 40 francs pendant quinze ans
portant intérêt à 8 p. 100. L'État est son débiteur, à terme,
du capital versé et des intérêts à 8 p. 100 capitalisés pendant quinze ans.

Le tributaire est obligé de voter. Le bénéficiaire est libre
de le faire ou non. Le tributaire remplit simplement son

devoir; le bénéficiaire a un avantage incontestable à voter. Plus tôt il commencera le versement annuel de 40 francs, plus tôt il votera, et plus tôt il sera en possession de son capital et des intérêts composés.

Notre idée première avait été d'offrir au prolétaire, électeur bénéficiaire selon nous, une certaine latitude dans ses versements annuels, de la façon suivante :

Versement de 20 fr. par an à 4 p. 100 d'intérêt.
—	25	—	5 p. 100	—
—	30	—	6 p. 100	—
—	35	—	7 p. 100	—
—	40	—	8 p. 100	—
—	45	—	9 p. 100	—
—	50	—	10 p. 100	—

Par cette combinaison, le bénéfice augmenterait en raison de l'épargne versée au Trésor. Dans un même atelier, les ouvriers économes versant 50 francs par an produisant 10 p. 100 d'intérêts serviraient d'exemples aux prodigues. Peu à peu, ceux-ci mettraient davantage de côté, afin d'avoir un intérêt plus fort. Ce système aurait l'avantage de provoquer dans la classe ouvrière une salutaire émulation. Mais les agents du Trésor auraient peine à se reconnaître dans ce dédale inextricable d'intérêts différents capitalisés. Nous signalons la combinaison pour mémoire.

Nous n'avons pas seulement en vue de subordonner le vote du prolétaire à ces conditions éminemment avantageuses pour lui-même et pour la stabilité de l'État, mais aussi de procurer à nos finances amoindries des ressources considérables.

Prenons le versement isolé d'une année, et supposons qu'il y ait deux millions d'électeurs bénéficiaires, c'est-à-dire de prolétaires. Par le fait du versement individuel de 40 francs, l'encaisse annuel du Trésor serait de 80 millions par an, soit une recette de douze cent millions pour les quinze premières années. A partir de la seizième année, le Trésor, qui encaisserait toujours 80 millions annuels, rembourserait aux électeurs bénéficiaires 80 millions, plus les intérêts capitalisés pendant quinze ans ; mais il faut tenir compte des amendes de 5 francs et de 50 à 100 francs, acquises au Trésor, versées par les électeurs tributaires *abstentionnistes*.

Si le prolétaire est avantagé, l'Etat ne l'est pas moins : il l'est même plus, car d'un côté il détient l'épargne du prolétaire que la restitution de son gage intéresse à l'ordre, et, de l'autre côté, il encaisse quinze recettes annuelles que nous supposons de 80 millions, ce qui le remet à flot ; et, à partir de la seizième année, à une époque où l'on peut espérer nos finances restaurées, il n'a plus à faire que le service des intérêts.

Depuis quelques années, on a démocratisé la Rente, en abaissant le coupon à 5 francs. En favorisant le morcellement de la richesse mobilière, l'Etat a tenté d'éveiller dans l'esprit du prolétaire les instincts conservateurs par la constitution de propriété, quelque modique qu'elle soit. Notre projet dérive du même principe. Avec le coupon de rente de 5 francs, la qualité de propriétaire chez l'ouvrier n'est qu'un aléa : par notre combinaison, la qualité de propriétaire serait un fait.

Quatre cas se présentent comme des obstacles au versement régulier de 40 francs à opérer par le prolétaire :

1° Il peut être malade.
2° Il peut être chargé de famille.
3° Il peut être en grève.
4° Il peut être hors du territoire.
Nous allons passer en revue chaque hypothèse.

1° CAS DE MALADIE.

L'article 18 de notre projet est ainsi conçu : « L'électeur bénéficiaire qui, avant l'époque du remboursement, se trouve dans l'impossibilité de travailler dûment constatée, sera entretenu aux frais de l'État dans un établissement hospitalier, et recevra, à sa guérison ou à l'expiration de la quinzième annuité, une allocation de 20 centimes par jour de maladie. »

Ainsi nous lui procurons les moyens de continuer ses versements en lui donnant, après traitement gratuit, 20 centimes par jour de maladie, soit 72 francs par an. Fût-il malade pendant la durée des quinze versements annuels, il peut opérer sans se gêner ses versements réguliers. A l'expiration de la quinzième annuité, l'État ne lui devant plus l'entretien, il se trouve possesseur du capital et des intérêts composés, soit 1,172 fr. 98 c.

2° CAS DE CHARGE DE FAMILLE.

Art. 20 du projet : « Avant l'époque du remboursement, l'électeur bénéficiaire a droit, à la naissance de son troisième enfant légitime, à une allocation de 40 francs, et à pareille allocation par chaque autre enfant. »

Pourquoi, dira-t-on, offrez-vous une allocation au prolétaire à la naissance de son troisième enfant seulement?

Deux êtres unis par le mariage ne donnant à l'État qu'un seul être et même deux n'augmentent pas les forces vives du pays. Mais si ces deux êtres en donnent trois, l'État leur est redevable d'un nouvel élément de richesse.

La statistique a constaté que la classe aisée n'augmentait pas la population, mais la classe ouvrière. C'est là une question physiologique qui mérite attention !

L'allocation de 40 francs que nous proposons d'allouer au prolétaire à la naissance de son troisième enfant et des suivants, pendant la période des quinze versements, est la conséquence de notre système de réforme sociale. En effet, si le prolétaire chargé d'enfants n'est pas secouru par le Trésor, toutes ses épargnes seront épuisées, et il ne pourra continuer ses versements annuels, et, par cela, ne pourra pas voter.

3° CAS DE GRÈVE.

L'ouvrier valide gagne chaque jour un salaire : nous avons prévu le cas de maladie.

L'ouvrier valide qui se met en grève nous inspire peu d'intérêt, car la grève est le résultat de sa volonté ou de sa faiblesse devant les menaces des meneurs.

4° CAS D'ABSENCE.

Le prolétaire qui s'éloigne du territoire avise la municipalité de sa résidence, de son départ et de son retour ; et, s'il n'a pas fait parvenir ses versements pendant son absence, il peut être autorisé, à son retour, à les faire en bloc.

Il est dit dans notre projet que le retrait des sommes déjà versées entraînait la suspension du droit de vote et arrêtait le cours des intérêts. Il n'en peut être autrement.

En effet, si le bénéficiaire pouvait à sa fantaisie retirer les sommes versées, après chaque élection l'ouvrier reprendrait son capital et le reverserait lors d'une élection nouvelle. Il ferait de même s'il voulait se mettre en grève. La comptabilité des agents du Trésor serait impossible. L'avantage considérable d'un intérêt de 8 p. 100 capitalisé serait exagéré.

DE L'ABSTENTION.

Art. 10. — « L'abstention en matière électorale est un délit pour l'électeur tributaire. Lors de chaque élection communale, départementale ou générale, l'électeur tributaire qui ne pourra justifier de l'impossibilité absolue de paraître au scrutin sera passible d'une pénalité pécuniaire de 5 francs. Si sa contribution foncière est de 100 francs ou sa contribution mobilière de 200 francs, l'amende sera de 50 francs au moins et de 100 francs au plus. »

Il est constant que la classe aisée, la seule intéressée à prévenir les révolutions et par conséquent à empêcher par ses votes le parti radical d'arriver aux affaires, se tient à l'écart du scrutin, tandis que la classe ouvrière vote avec ensemble et discipline. Etrange anomalie ! Il semblerait que le prolétaire ne puisse avoir d'autre préoccupation que son salaire, qu'il doive rester indifférent aux discussions politiques, et se reposer sur la classe éclairée du soin des questions sociales. Non : il est le plus ardent, il vote avec le plus de soin, docile à un mot d'ordre qu'il accepte les yeux fermés. Il est l'homme d'action.

Dans les campagnes, où l'élément ouvrier est en minorité, l'abstention de la classe qui possède a peu de portée. Mais, dans les villes, l'abstention de la bourgeoisie est une faute qui compromet l'État tout entier.

A Paris, à Lyon, à Marseille, à Toulouse, etc., le triomphe du parti radical est factice. Un tiers, deux tiers même des électeurs s'abstiennent, et cette coupable indifférence laisse la porte ouverte à l'émeute, arrête la reprise des affaires, compromet le salut de la société tout entière, et ménage le triomphe de la révolution en permanence et l'extension des idées de l'Internationale. Cette situation ne peut durer.

Le parti de l'ordre qui constitue la majorité veut la liberté. Le parti révolutionnaire veut la licence. Le parti conservateur compte dans ses rangs un nombre d'abstentionnistes tel que le sentiment public est faussé et que le parti de la licence devient majorité.

La première condition du maintien du suffrage universel est l'obligation de voter.

Le versement de l'impôt, l'accomplissement du mandat de juré sont des obligations ; l'assiduité à l'école primaire, le service militaire seront de nouvelles obligations. Pourquoi le vote ne serait-il pas une obligation ?

Il est inscrit dans nos lois que le fait de porter préjudice à autrui est un délit, dont la triple sanction est : 1º l'emprisonnement à temps ; 2" l'interdiction à temps de certains droits civils, civiques et de famille ; 3º l'amende.

Si le fait de porter préjudice *à un citoyen* est un délit, à plus forte raison l'abstention est un délit, puisque le fait de se tenir à l'écart du scrutin préjudicie *à l'ensemble des citoyens*, compromet la société tout entière, l'ordre, les transactions et l'extension de la richesse publique.

L'emprisonnement, l'interdiction de certains droits seraient des pénalités exagérées pour le délit d'abstention.

L'amende est une pénalité suffisante.

Mais, diront les flatteurs du peuple dont l'adoption de notre système rendrait les excitations vaines, mais le droit électoral est absolu, aussi bien pour celui qui ne possède pas que pour celui qui possède !

L'objection est sans valeur, car si le devoir est absolu, le droit ne l'est pas. Dans le domaine des droits civils et politiques, nous ne rencontrons pas l'absolu. Est-ce que la jurisprudence de la Cour de cassation ne tempère pas l'absolu de la loi ? Est-ce que la liberté individuelle n'a pas pour limite la liberté d'autrui ? Est-ce que le citoyen peut s'expatrier sans avoir satisfait à la loi du recrutement ? Est-ce qu'un père de famille peut disposer de toute sa fortune en faveur de son benjamin ? Est-ce que l'impôt n'est pas une atteinte au droit de propriété ? Est-ce qu'on peut adopter et avantager qui l'on veut ? Est-ce qu'on a le droit d'être Français parce qu'on aime la France, qu'on l'habite et qu'on est fils d'une mère française ? Est-ce qu'un cultivateur peut chasser en tout temps sur son champ? Est-ce qu'on est propriétaire du Trésor ou des mines que l'on découvre sur sa propriété? Est-ce qu'on peut voter là où l'on est? Est-ce qu'un mari dispose à son gré de la fortune de sa femme? Est-ce que le parti *radical* accepterait un gouvernement *absolu?*

Ce serait une nomenclature sans fin d'établir toutes les atténuations apportées par nos lois aux droits civils et politiques. Les droits ne sont praticables et ne se heurtent pas contre ceux d'autrui que s'ils sont organisés et définis. Le droit est tempéré par la loi et doit s'incliner devant elle.

L'Assemblée nationale ferait une loi juste en exigeant des garanties de l'électeur qui ne possède pas et en forçant celui qui possède à paraître au scrutin, fût-ce avec un bulletin blanc. Quand l'abstention sera devenue impossible, il y aura partout des candidats conservateurs là où les candidats radicaux osaient seuls se porter.

Mais, diront ceux qui vivent de la démoralisation du prolétaire, vous prétendez le moraliser en développant chez lui la soif du gain, en le prenant par l'intérêt? A cette objection nous répondrons que nous n'offrons au prolétaire qu'un avantage pécuniaire sanctionné par la loi, que nous cherchons à lui constituer une épargne.

Lors du dernier emprunt de deux milliards, l'État a offert à tous un intérêt de 6.31 p. 100, et, de plus, un bénéfice considérable au souscripteur qui versait immédiatement la totalité de sa souscription. L'État aurait-il été corrupteur, démoralisateur? Aurait-il encouragé la soif du lucre? Non. L'État et l'individu y trouvaient chacun leur avantage? Les mesures que nous proposons s'inspirent des procédés de l'Etat. D'un côté, le prolétaire, amené sans doute à composition par le mobile d'un intérêt légitime, agréerait la faculté qui lui serait ménagée, en échange du droit de vote, de doubler une partie de ses épargnes ; il deviendrait petit capitaliste, et, de partageux, passerait au rang de conservateur. De l'autre côté, l'État recueillerait en quinze années un capital net de douze cent millions, sur le chiffre *hypothétique* de deux millions de prolétaires.

On objectera que ce n'est pas l'intérêt de 8 p. 100 de son épargne confiée à l'État qui rendrait le prolétaire sourd aux suggestions socialistes ; que l'application de notre système n'aurait pas la portée que nous lui prêtons, et n'étoufferait pas les appétits de la classe déshéritée de la fortune. Nous n'avons pas la prétention de présenter un système parfait. La perfection n'est ni humaine ni *française* ; autrement la république, système gouvernemental idéal, serait possible.

Nous cherchons l'amélioration du plus grand nombre.

De bons esprits, déplorant le suffrage universel et désespérant de la possibilité de faire accepter le suffrage restreint, proposent d'accorder le droit de vote au citoyen dans le lieu de sa naissance ou dans le lieu de sa résidence après trois années de séjour. Excellent pour les campagnes, ce système paraîtrait à la population nomade des centres ouvriers la confiscation détournée du droit de vote sans compensation matérielle. D'après notre système, la restriction du droit de vote serait compensée par un avantage effectif.

Dans le siècle où nous sommes, le prolétaire est socialiste ou fatalement appelé à le devenir, s'il n'est pas donné satisfaction à ses convoitises dans une mesure raisonnable. Il a eu sur la classe qui possède des triomphes éphémères, mais marqués ; il sait qu'il est sinon le nombre, au moins le mouvement, l'action, la résolution, presque la force ; il a un but et le poursuit avec entente. Indifférent au suffrage universel en lui-même, il y demeure fermement attaché comme à un moyen de revendication sociale. Si la politique ne l'intéresse pas, la propriété l'attire : il veut posséder. Nous proposons de le faire du même coup électeur immédiat et propriétaire médiat. La propriété est un frein. La constitution, en quelque sorte obligatoire, d'un capital modeste, versé par gradation, au Trésor dépositaire, ferait pénétrer dans la classe ouvrière l'idée conservatrice. Si, par exemple, le 18 mars 1871, l'État avait été le détenteur des épargnes de la classe ouvrière, les meneurs n'auraient pu organiser une insurrection de nature à compromettre la restitution de son gage au prolétaire.

La solution des problèmes sociaux est ardue : à plus forte raison chacun doit-il à tous ses idées.

Paris, novembre 1871.

PARIS

IMPRIMERIE D. JOUAUST

RUE SAINT-HONORÉ, 338